Horst Rudel · Thomas Borgmann

Schleyerhalle, Späth und VfB

Erholsame Idylle auf der **Karlshöhe**, aber die Ruhe trügt: In der Stadt brodelt es.

Mit einem Autokorso feierte der **VfB Stuttgart** 1984 die Deutsche Fußballmeisterschaft.

Horst Rudel · Thomas Borgmann

Schleyerhalle, Späth und VfB

Stuttgart in den 80er-Jahren – ein bewegtes Jahrzehnt in Bildern

SILBERBURG

Inhalt

Vorwort

Stuttgart im Aufbruch. Wer heute um dreißig, vierzig Jahre zurückschaut, dem springt es förmlich ins Auge: Nach den vom RAF-Terror geprägten siebziger Jahren schaut man in der baden-württembergischen Landeshauptstadt jetzt nach vorn, löst einen regelrechten Bauboom aus, setzt Zeichen in Kultur und Sport, die weit über Stuttgart hinaus wirken – international, ja sogar weltweit.

Die 1983 eröffnete Hanns-Martin-Schleyer-Halle und die 1984 eröffnete Staatsgalerie setzen neue starke Impulse, die bis in unsere Tage fortwirken. Stuttgart profiliert sich in der bildenden Kunst und im Weltsport auf höchstem Niveau. Die »heimliche deutsche Sporthauptstadt«, so ihr Ruf, liegt wie selbstverständlich am Neckar. Sogar die tolle Tour de France macht hier Station. Der VfB Stuttgart wird 1984 deutscher Meister, die Kickers spielen 1988 in der ersten Liga. Das waren noch Zeiten.

Ein Politiker prägt den Aufbruch dieser so lebendigen achtziger Jahre in der alten Großstadt zwischen Wald und Reben: Lothar Späth (1937–2016), der Ministerpräsident, der sein fleißiges Musterländle zur »Baden-Württemberg AG« umbaut. In seiner Amtszeit von 1978 bis 1991 setzt das »Cleverle«, wie ihn der Volksmund schwäbisch-respektvoll nennt, markante Zeichen in der Kultur: die Neue Staatsgalerie mit dem Kammertheater, die gründliche Sanierung der Oper, das Naturkundemuseum am Löwentor, das modernisierte Linden-Museum, das restaurierte Wilhelma-Theater, das vor dem Zerfall gerettete Schloss Solitude mit seiner Akademie für hochbegabte junge Künstler. Kein Zweifel, ohne Lothar Späth und die vielen Millionen aus der Landeskasse hätte es diese Projekte nicht gegeben, schon gar nicht binnen weniger Jahre.

Doch dieser Ministerpräsident denkt und handelt nicht ohne politischen Eigennutz: 1980, 1984 und 1988 führt er die CDU bei den Landtagswahlen zur absoluten Mehrheit.

Stuttgart in den achtziger Jahren: Der Ausbau des öffentlichen Nahverkehrs geht zügig voran, weit über die Stadtgrenzen hinaus. Die Fotos von damals belegen es: Da ist einerseits der Aufbruch in eine neue Ära der Kultur und des Sports, da ist andererseits aber auch die wachsende Anziehungskraft des »Mittleren Neckarraumes«, wie man seinerzeit die Region nennt, als attraktiver Arbeitsplatz und Wohnort mit hohem Freizeitwert. Noch ahnt niemand, dass das Jahr 1989 die Wende und die Wiedervereinigung bringen wird.

Alles in allem, diese 80er-Jahre des zwanzigsten Jahrhunderts haben Stuttgart enorm gestärkt und vorangebracht. Die Wirtschaft floriert, Kultur und Sport machen international Schlagzeilen. Die Bilder in diesem Buch beweisen es: Unsere Stadt kann sich sehr gut sehen lassen. Wer es ganz genau wissen möchte, dem sei an dieser Stelle unser im Frühjahr 2022 erschienener Bildband über die 70er-Jahre empfohlen: »Rommel, RAF und Staatstheater – ein bewegtes Jahrzehnt in Bildern.«

Stuttgart, im Herbst 2022
Thomas Borgmann

Die altehrwürdige **Stiftskirche,** vom Schlossplatz aus gesehen. Der Merkur auf der Alten Kanzlei kündet von einer Zeit des Aufbruchs.

1.

Die Neue Staatsgalerie

Um der Wahrheit die Ehre zu geben: Als der umstrittene Hans Karl Filbinger (CDU) Ministerpräsident seines »Musterländles« war, nämlich von 1966 bis zu seinem erzwungenen Rücktritt 1978, lobte das Land zwei Architektur-Wettbewerbe aus, um an der Neckarstraße, wie sie damals noch hieß, die Alte Staatsgalerie von 1843 um einen modernen Neubau zu ergänzen. Namhafte Architekten aus dem In- und Ausland legten sich mächtig ins Zeug, erst 1974, dann 1977 in einem beschränkten Wettbewerb.

Zur allgemeinen Überraschung, ja zum Entsetzen mancher Zeitgenossen, nicht nur von unterlegenen Architekten, sprach die Jury dem Londoner James Stirling einstimmig den ersten Preis zu. Sofort brach ein Krieg der Worte aus: »Sicher sollen hier Könige und Fürsten bestattet werden, Ähnliches habe ich nur in Laboe und Tannenberg gesehen, nur Bronzetafeln mit den Namen Gefallener fehlen noch«, ätzte der unterlegene Stuttgarter Stararchitekt Günther Behnisch. Andere nannten das Modell »ein Machwerk kindlicher Burgromantik«. Stirling selbst konterte später: »Wir hoffen, dass der Bau monumental geworden ist, weil Monumentalität in der Tradition öffentlicher Bauten liegt. Ebenso hoffen wir, dass er informell und populistisch, also volkstümlich geworden ist.«

Filbingers Nachfolger Lothar Späth, das »Cleverle«, wie er im Volksmund hieß, machte sich den Streit als auch das Projekt politisch zu Nutze. Er unterstützte den Stirling-Entwurf, ließ ihn für 90 Millionen D-Mark bauen mit Cannstatter Travertin und postmodernen Rundungen außen sowie einer spektakulären Rotunde innen. Am 9. März 1984 kam die internationale Kunstszene zur Einweihung, knapp zwei Wochen vor der Landtagswahl vom 25. März (die Späth mit 51,9 Prozent für seine CDU haushoch gewann). Vor den 500 Geladenen nannte er den Neubau »ein kulturelles Jahrhundertwerk in Baden-Württemberg«. Die FAZ urteilte: »Es ist eine Genieleistung, eine der aufregendsten Architektur-Premieren des Jahrzehnts.«

Die Kunstwelt blickte in jenen Tagen nach Stuttgart, nicht nur die deutsche. In einer filmischen Dokumentation über den Aufbau der Ausstellung zeigt das Südfunk-Fernsehen den seinerzeit von Lob und Tadel umtosten rheinischen Künstler Joseph Beuys, der eigenhändig den Saal gestaltet, den der Galeriechef Peter Beye ihm überlassen hat: »Plastischer Fuß Elastischer Fuß« nennt Beuys sein Ensemble aus Stahlplatten, Filzmatten, Fettkisten und einem goldenen Hasen in einer Wandnische. Einfach und genial zugleich liefert Beuys die Idee, wie man die Figuren des Triadischen Balletts von Oskar Schlemmer neu präsentieren könnte: Er stellt sie im oberen Foyer auf weiße, mannshohe Säulen, sodass die Figuren quasi über den Köpfen der Betrachter schweben.

Diese neue Staatsgalerie macht Schlagzeilen – optisch und inhaltlich. Picassos »Die Badenden«, eine Familie aus Holz am Strand, erweckt bis heute Heiterkeit. Hingegen erfährt »Die Liegende« von Henry Moore vor dem Eingang kaum noch Aufmerksamkeit. Dabei hatte die massige Dame mit dem etwas kleinen Kopf anno 1961 einen Skandal ausgelöst, als sie zur Einweihung des neuen Landtags unter die alten Bäume des Oberen Schlossgartens platziert wurde. Es handle sich, so noch eine moderate Kritik, um »die Verhöhnung der im öffentlichen Leben stehenden Frau«. Schwäbisch heiter gab der Volksmund ihr den Namen »'s Mariele von Stuttgart«. Immerhin hatte die Liegende 80 000 D-Mark gekostet.

Die Staatsgalerie von 1984 ist ein Glücksfall für Stuttgart! Bis heute haben gewiss mehrere Millionen Menschen das Haus und seine vielfältigen Ausstellungen besucht. Nachdem James Stirling bereits 1992 gestorben war, führten seine Nachfolger Wilford und Schupp die Pläne an der Kulturmeile fort: So entstanden das Kammertheater, die Hochschule für Musik und Darstellende Kunst mit seinem Konzertsaal sowie das Haus der Geschichte. Heute könnte man sagen: »Stuttgarts Kulturmeile ist cool, obercool, nein megacool!«

Am 9. März 1984 wird die Staatsgalerie feierlich eröffnet. Oskar Schlemmers Figuren des **Triadischen Balletts** begrüßen die Gäste von hohen, weißen Säulen herab.

Der Geniestreich des britischen Architekten **James Stirling** aus der Vogelschau: Links die Alte Staatsgalerie von 1843, rechts vorne das neue Kammertheater. Die beiden Winkel und die Rotunde prägen den postmodernen Bau.

Der Clou des Neubaus: Ein öffentlicher Weg führt von der Kulturmeile durch die **Rotunde** hinauf zur Urbanstraße.

‹ Bis heute ein markanter Blickfang: Die Eingangsfront zur **Neuen Staatsgalerie** in ihren starken Farben.

Dieses Trio ist rundum zufrieden: Galeriechef **Peter Beye,** Architekt **James Stirling** und **Lothar Späth,** das »Cleverle«.

‹ **Joseph Beuys,** legendärer Künstler der 80er-Jahre, gestaltet im neuen Haus seinen Saal »Plastischer Fuß Elastischer Fuß«. Seine Installation besteht bis heute.

In der Rotunde stehen bis heute die weißen Marmorfiguren der klassischen antiken Kunst. Wer **»Die drei Grazien«** geschaffen hat, ist unbekannt.

Die Neugierde ist enorm in diesen **Eröffnungstagen** 1984. ›

Cannstatter Travertin und farbige Geländer verbinden sich zu einer reizvoll-bunten Architektur. ›

2.

Die neue Schleyerhalle

Berlin hat seine Deutschlandhalle, Dortmund seine Westfalenhalle, Frankfurt hat seine Festhalle und München seine Olympiahalle. Nur Stuttgart hat nichts dergleichen. Wie peinlich! Das ändert sich erst am 14. und 15. September 1983. Mit Tamtam und Trara, mit geladenen Gästen, einer bunten Sportshow und Vorführungen der hiesigen Sportvereine, mit viel Prominenz und allerhand Reden voller Dank, Zuversicht und Schwabenstolz wird gegenüber dem Cannstatter Wasen, zwischen Mercedes- und Benzstraße gelegen, Stuttgarts erste, hochmoderne Sport- und Versammlungshalle eingeweiht: Sie trägt den Namen des 1977 von RAF-Terroristen ermordeten Hanns Martin Schleyer, damals Präsident des Bundesverbandes der Deutschen Industrie.

Fast 67 Millionen D-Mark hat die Schleyerhalle gekostet – einen namhaften Betrag steuert das Haus Daimler-Benz bei. Die Arena mit ihren knapp 7000 Quadratmetern Nutzfläche besitzt eine fest eingebaute Radrennbahn von exakt 285 Metern Länge. An den Längsseiten gibt's Platz für 5000 Zuschauer. Für große Veranstaltungen kann man mittels verschiebbarer Tribünen bis zu 10 000 Besucher einlassen. Das Stuttgarter Architekturbüro Siegel, Wonneberg und Partner hat den Bau geplant.

Lothar Späth, der Ministerpräsident, spricht bei der Eröffnung von »einem der ganz großen Projekte der Stadt Stuttgart, das vor allem dem Sport, aber auch sonst als Begegnungsstätte viele Möglichkeiten bietet«. OB Manfred Rommel begrüßt in seiner Rede ausdrücklich Waltrude Schleyer, die Witwe des ermordeten ehemaligen Arbeitgeberpräsidenten. Er dankt dem Konzern Daimler-Benz für dessen namhafte Finanzierungshilfe.

Die Sportereignisse sollen künftig vom städtischen Sportamt »gemanagt« werden, die sogenannten nichtsportlichen Veranstaltungen soll die Messe- und Kongressgesellschaft (SMK) nach Stuttgart holen und koordinieren. Die beiden Messechefs Rainer Vögele und Walther Gehring nehmen sich der Schleyerhalle an; wenig später bekommt Rainer Vögele die Verantwortung für die Akquise großer Sportevents. Die Schleyerhalle wird schnell so etwas wie die »gute Stube« der schwäbischen Metropole, die den Slogan vom »Partner der Welt« für sich kreiert hat.

Es würde den Rahmen dieses Buches sprengen, wollte man alles das aufzählen, was in den ersten Jahren – oder gar bis heute – in der Schleyerhalle sowie der im Frühjahr 2006 für mehr als 30 Millionen Euro hinzugefügten Porsche-Arena stattgefunden hat: Tennis Davis Cup, Turn-WM, German-Masters-Reitturniere, allerlei Parteitage, Auftritte weltbekannter Musikstars von Udo Jürgens bis Placido Domingo. Und vieles andere mehr.

1986 gab's in Stuttgart zwei denkwürdige Jubiläen zu feiern: Daimler-Benz und Bosch begingen jeweils ihr hundertjähriges Bestehen – zwei Weltkonzerne, 1886 als kleine Werkstätten gegründet von Gottlieb Daimler und Robert Bosch. Ende Januar 1986 feierte Daimler-Benz in der Schleyerhalle mit dem Bundespräsidenten Richard von Weizsäcker und Prominenz aus aller Welt, das Fernsehen übertrug die glanzvoll geplante Show, die zeitlich völlig aus dem Ruder lief und peinlich endete. Das Haus Bosch feierte im September 1986 betont bescheiden in der Liederhalle, Bosch-Chor und Bosch-Orchester musizierten. Als überraschender Ehrengast und Festredner kam plötzlich der ehemalige US-Außenminister Henry Kissinger in den Beethovensaal herein. Welch ein Unterschied in der Selbstsicht dieser beiden Weltkonzerne.

Heute, im Jahr 2022, gilt die bald vierzig Jahre alte Schleyerhalle als veraltet und nicht mehr konkurrenzfähig. Pläne für einen Neubau beschäftigen die Kommunalpolitik. 2024 könnte das Jahr des Abbruchs sein. Es bleibt spannend.

Das zweite Großprojekt der 80er-Jahre:
Die **Hanns-Martin-Schleyer-Halle** zwischen Mercedes- und Benzstraße, im Hintergrund das alte Neckarstadion.

OTTO

Daimler-Benz-Chef **Edzard Reuter,** einem Hobbyreiter, wird große Ehre zuteil: Der Brite John Whitaker gestattet ihm, am Rande des Reitturniers, seinen Schimmel Milton zu reiten, das weltbeste Springpferd jener Jahre.

Der **Architektenwettbewerb** › um den Bau der Schleyerhalle treibt die Menschen um. Die Modelle sind dicht umlagert.

1980 beginnen die **Bauarbeiten** gegenüber dem Cannstatter Wasen, Mitte September 1983 ist die Eröffnung. ›

Ein Schnappschuss vom **Hallenfußball,** der heute schmunzeln lässt: Der Spieler links im Bild heißt Christian Streich – heute die Trainerlegende vom SC Freiburg.

Das Innere der neuen Arena: Außen herum die 285 Meter lange **Radrennbahn,** weiter innen die Laufbahn für die Leichtathleten. ›

Unser neuer Weltstar im Tennis, immer dicht umlagert: Der blutjunge Boris Becker beim **Davis-Cup-Finale 1989** in der Schleyerhalle. ›

KÄRCHER
Stuttgarter Bank
HERTIE
SONY
TV-HiFi-VIDEO
Sinalco

ellesse
Boris Becker

Ende Januar 1986 feiert **Daimler-Benz** sein 100-jähriges Bestehen: Gastgeber Werner Breitschwerdt, Bundespräsident Richard von Weizsäcker und Ministerpräsident Lothar Späth (von links).

Die spektakuläre **TV-Gala** in der Schleyerhalle gerät zeitlich völlig aus den Fugen und endet in einer Peinlichkeit für die Gastgeber.

Drei Granden des Automobilrennsports (von links): Fahrerlegende **Hans Hermann, Ferry Porsche** und Rennleiter **Huschke von Hanstein.**

BOSCH

Ehrengäste beim bescheidenen **Bosch-Jubiläum** in der Liederhalle: der ehemalige US-Außenminister Henry Kissinger und OB Manfred Rommel.

‹ Zum 100-Jahr-Jubiläum lässt das Haus Bosch die alte **Bosch-Villa** auf der Gänsheide aufwendig restaurieren. Im Bild der Bosch-Chef Hans L. Merkle (»Gottvater«) mit seinem Nachfolger Markus Bierich.

3.

Das restaurierte Wilhelma-Theater

Der aufmerksame Zeitgenosse in den Achtzigern traut seinen Augen kaum: An der Ecke Prag- und Neckartalstraße, vom Verkehr umtost, stand jahrzehntelang ein hässlicher alter Kasten, zugemauert zuletzt, ungeliebt, nicht mal mehr der Abrissbirne wert.

Doch nun, welch wundersame Wandlung! Alles ist herrlich restauriert, innen und außen im Stil des Eröffnungsjahres 1840, wahrhaftig schöner denn je. Stuttgart ist um ein kleines, feines Theater reicher. Junge Musiker und Schauspieler, die sich ihre ersten Sporen verdienen wollen, werden die Nutznießer sein. Und natürlich das geneigte Publikum.

Vom Wilhelma-Theater ist die Rede, 1838 von Württembergs König Wilhelm I. in Auftrag gegeben, vom französisch-italienisch angehauchten Baumeister Ludwig von Zanth entworfen, am 29. Mai 1840 feierlich eröffnet mit dem Singspiel »Der Zauberschlaf«. Der König wollte Cannstatt zum internationalen Kurort aufwerten, lehnte jedoch den Wunsch der Cannstatter Bürgerschaft nach einem Spielcasino strikt ab – aus guten Gründen: Ein Schwabe wettet nicht, bleibt vielmehr evangelisch, also pietistisch und asketisch.

Leider gerät der ambitionierte Theaterbau rasch zur Last anstatt zur Lust. Das Publikum bleibt weg, Betrieb und Unterhalt sind viel zu teuer. Die traurige Konsequenz: Über mehr als 100 Jahre seines Bestehens, also von 1840 bis 1945, steht das Theater leer. Vom Mai 1945 an dient es als Kino für die Soldaten der Besatzungsmächte: Französische und US-Soldaten drängten sich im feuchten Gemäuer, die Wochenschau zu sehen und allerhand Liebeskitsch in Schwarzweiß. Für den Abbruch fehlen das Geld und die letzte Entschlusskraft, der Zauberschlaf geht weiter.

Mitte der achtziger Jahre naht der Retter: Der »Prinz«, der dieses wahrhaft jämmerliche Stück zerfallender Vergangenheit »wachküsst«, zu neuem Leben erweckt, heißt Lothar Späth. Kein Weg führt an der Tatsache vorbei, dass es der Ministerpräsident war, der mit seiner sprichwörtlichen Spürnase für öffentliche Wirkung, für kulturelle Glanzlichter, am Beginn der 80er-Jahre das Machtwort sprach: Jawohl, das Land Baden-Württemberg gibt 28 Millionen D-Mark, 20 Millionen für die Restaurierung und Modernisierung des maroden Gebäudes, weitere acht Millionen für die rückseitig angebaute neue Gastronomie der Wilhelma. Das Staatliche Hochbauamt mit seinen Fachleuten für alte Bausubstanz legt sich schwer ins Zeug. Man möchte Lothar Späth und die Bürgerschaft nicht enttäuschen.

Am 1. Dezember 1987, kurz vor Weihnachten, legt der Ministerpräsident »seinen« Stuttgartern dieses intime Theater mit seinen 325 Plätzen symbolisch unter den Christbaum. Die Landtagswahl vom 20. März 1988 rückt bereits ins politische Blickfeld – ein Schelm, der Böses dabei denkt. Ich selbst schrieb damals wörtlich: »Mit Steuergeldern ist schon weit mehr Unsinn angerichtet worden als der Bau von Theatern; auch hat es schon weit schlimmere Wahlgeschenke gegeben als dieses. Außerdem wär's reichlich unpolitisch, wollte man diesen Lothar Späth allein am hiesigen neuen Wilhelma-Theater messen und beurteilen.«

Der Spielplan startete übrigens mit Frank Wedekinds Aufklärungsstück »Frühlings Erwachen«. Das konnte man auch im doppelten Sinne verstehen: Einerseits das neue Theater im alten Gemäuer, andererseits die erwähnten Wahlen am 20. März 1988: CDU 49,0 Prozent, SPD 32,0, Grüne 7,9, FDP 5,9, Wahlbeteiligung 71,79 Prozent. Noch irgendwelche Fragen?

Heute, anno 2022, darf man in der Rückschau sagen: Das Wilhelma-Theater am Neckar gegenüber von Bad Cannstatts Altstadt war und ist ein Gewinn für die Kulturszene der Region.

Aufwendig restauriert und im Dezember 1987 wieder eröffnet: Das alte **Wilhelma-Theater,** bis heute ein Kleinod am Ufer des Neckars.

Lothar Späth, der die Rettung des baufälligen Theaters zu seinem persönlichen Projekt erkoren hat, begrüßt die Ehrengäste.

Kaum zu glauben, aber wahr: Aus dieser **Ruine** wurde wieder ein tolles Theater.

Den Eröffnungsgästen wurden **Gedenkmünzen** geprägt. Eine historisch reizvolle Idee.

4.

Der VfB und die Kickers – die Roten und die Blauen

Seit mehr als einhundert Jahren prägen die Fußballer des VfB Stuttgart, gegründet 1893, und der Stuttgarter Kickers, gegründet 1899, den Fußball in der Landeshauptstadt und ihrer Region. Vor allem in den 80er-Jahren, denen dieses Buch gewidmet ist, trugen beide Vereine ganz wesentlich dazu bei, dass Stuttgart sich international den Ruf erwarb, eine engagierte und höchst erfolgreiche Sportstadt zu sein. Wohlgemerkt, der Fußball dominierte die hiesige Sportszene nicht so krass, wie das heute der Fall ist, vielmehr konnten die »Restsportarten« allerbestens neben ihm bestehen. Immerhin trugen der VfB und die Kickers von der Waldau in Degerloch wesentlich mit dazu bei, dass sich Stuttgart einen international guten Ruf als Sportstadt erwarb.

Am 26. Mai 1984 allerdings strömten Zehntausende in aufgeregter Euphorie in die Innenstadt, wo der VfB als neuer Deutscher Fußballmeister in einem Autokorso durch die Stadt fuhr – wobei das mit dem Fahren eher ein Schneckentempo war. Daimler-Benz hatte ein Dutzend SEL Sportwagen bereitgestellt, im ersten Wagen der Präsident Gerhard Mayer-Vorfelder, flankiert von den Förster-Brüdern Bernd und Karlheinz. Mit zur Meistermannschaft gehörten Profikicker, deren Namen bis heute einen guten Klang haben: Karl Allgöwer, Hermann Ohlicher, Helmut Roleder, Guido Buchwald, Asgeir Sigurvinsson, Walter Kelsch und viele andere.

Auf dem Marktplatz vor dem Rathaus drängten sich »mehr als 100 000 Menschen«, so vermerkt es die Stadtchronik der 80er-Jahre. Sogar Manfred Rommel, der nach eigenem Bekunden »völlig unsportliche« Oberbürgermeister, stemmte die Meisterschale in die Höhe – neben ihm grinsend sein Freund und Parteifreund Gerhard Mayer-Vorfelder, seinerzeit Finanzminister des Landes.

Vier Jahre später, am 29. Mai 1988, schlug die große sporthistorische Stunde für die Kickers: Unter ihrem Trainer Manfred »Manni« Krafft schafften sie den Aufstieg in die erste Bundesliga. Allerdings hatte dieser schöne Erfolg durchaus eine Schattenseite: Das heimelige Kickers-Stadion unterm Fernsehturm war zu klein für die erste Liga – der DFB verlangte, dass die Ligaspiele im Neckarstadion ausgetragen werden müssten. Dort jedoch blieben allzu viele Plätze leer. Am Ende der Saison stiegen die Blauen wieder dorthin ab, woher sie gekommen waren.

Nicht von ungefähr spielt deshalb in den Annalen der Kickers der 20. Juni 1987 eine weitaus größere Rolle in ihrer Vereinsgeschichte: Im Berliner Olympiastadion standen sie im attraktiven Pokalfinale gegen den Traditionsklub Hamburger SV. Mit 76 000 Zuschauern war die Arena einmal mehr restlos ausverkauft. Die Kickers gingen in der 12. Minute durch Dirk Kurtenbach in Führung, beim Schlusspfiff aber stand es 3:1 für den HSV nach Toren von Beiersdorfer, Kaltz und Jäger.

Die wechselvolle Geschichte des VfB und der Kickers, das ständige Auf und Ab zwischen Erfolg und Misserfolg – es dauert an. Der Fußball von heute hat, nicht nur in Stuttgart, eine ökonomische Bedeutung und mediale Vormachtstellung erreicht, die viele Fans nachdenklich macht. Zugleich gibt's in Stuttgart, wie anderswo auch, einen starken Trend zum Breiten- und Freizeitsport. Es muss ja nicht immer der Fußball sein.

Der **Deutsche Fußballmeister 1984** heißt VfB Stuttgart! Karlheinz Förster reckt die Meisterschale in die Höhe.

DEUTSCHER FUSSBALLMEISTER

Erkennen Sie ihn wieder? Richtig, **Guido Buchwald,** den seine jungen Fans gar nicht mehr loslassen wollen.

Die drei vom VfB beim Autokorso: Präsident **Gerhard Mayer-Vorfelder** umrahmt von den **Förster-Brüdern.** Links der Karlheinz, rechts der Bernd. ›

S-HK 7725

AM MARKT
IMBISS-STATION
SPIE
die stadt
informiert
die stadt
Amtsblatt
LIVERPOOL F.C.

OB **Manfred Rommel,** nach eigenem Bekunden völlig unsportlich, stemmt für die Fotografen die Meisterschale – der VfB-Präsident amüsiert sich köstlich.

Der **Marktplatz** ist voller Menschen – König Fußball und der VfB begeistern die stolzen schwäbischen Massen.

HLS
BP

Die **Fans der Blauen** aus Degerloch schreiben ihren größten Pokalwunsch auf ein Transparent – doch es nützt nichts.

‹ 1987 stehen die **Stuttgarter Kickers** im DFB-Pokal-Finale, verlieren in Berlin gegen den HSV leider mit 3:1. Trotzdem lassen sie ihren Trainer Dieter Renner hochleben.

1988 folgt der Höhepunkt in der Vereinsgeschichte: Aufstieg in die **erste Bundesliga!** Abstieg ein Jahr später.

5.

Die Einladung an die jüdischen Emigranten

Dieser 13. Juni 1983, übrigens ein Montag, bleibt mir unvergessen – als ob es letzte Woche gewesen wäre. Horst Rudel und ich, der Fotograf und der Redakteur, fuhren zum Flughafen nach Echterdingen. Dort sollte am Vormittag eine Maschine der Lufthansa landen, direkt aus New York. Die Medien durften aufs Flugfeld, unmittelbar an die Gangway (heutzutage wär's undenkbar). Rolf Thieringer, der Erste Bürgermeister, stand unten mit einem Strauß roter Rosen im Arm – voller Erwartung, mit allerlei Herzklopfen, wie er später bekannte.

Die Gangway herunter kamen mehr als zwanzig ältere Frauen und Männer – ehemalige jüdische Mitbürgerinnen und Mitbürger, denen in den dreißiger und vierziger Jahren die Flucht vor den Mörderbanden der Nationalsozialisten gelungen war. Rolf Thieringer verteilte die roten Rosen an die Damen und sagte im Bus auf der Fahrt die Neue Weinsteige hinunter: »Herzlich willkommen! Wir freuen uns sehr, dass Sie da sind!«

Stuttgart war in diesem Sommer 1983 zwar nicht die erste, aber doch eine der ersten deutschen Kommunen, die ehemalige jüdische Mitbürgerinnen und Mitbürger in ihre alte Heimatstadt einluden. Auf zwei Wochen war das Besuchsprogramm angelegt, eine Woche mit Empfängen, Begegnungen und touristischen Orten, die zweite Woche blieb den Gästen zur freien Verfügung. Jeder Gast durfte eine Begleitperson seiner Wahl mit nach Stuttgart bringen. Die Stadt trug jegliche Kosten für Reise und Aufenthalt. Die Adressen der ehemaligen Stuttgarter Einwohner liefert die jüdische Gemeinde sowie die in New York erscheinende, jüdisch-deutsche Zeitung »Der Aufbau«.

Am 16. Juni 1983 empfing Manfred Rommel die Gästegruppe offiziell im Rathaus – Menschen aus den USA, aus Israel, Australien, Uruguay und Österreich. Unter ihnen, nur ein Beispiel, das Ehepaar Richard und Charlotte Arnstein aus New York; sie war die Tochter des jüdischen Sozialdemokraten Berthold Heymann, der 1919, gleich nach dem Ersten Weltkrieg, als Kultminister in das erste Kabinett des Württembergischen Staatspräsidenten Wilhelm Blos eintrat. Die jüdische Familie Arnstein hatte bis in die dreißiger Jahre hinein die Stuttgarter Wach- und Schließgesellschaft betrieben.

Der geborene Cannstatter Julius Pick, aus Wien angereist, sagte im Großen Ratssaal: »Der erste Gedanke, den ich bei dieser Einladung empfand, war ein Wort von Schiller: Spät kommt ihr, doch ihr kommt! Und unsere jüdische Religion sagt uns, verzeihen ist ein oberstes Gebot.« Als die Gäste und ihre Begleitung an den nächsten Tagen durch die Stadt gehen, ihre ehemaligen Wohnhäuser besuchen, ebenso die Gräber ihrer Vorfahren auf den jüdischen Friedhöfen, werden sie spontan angesprochen und eingeladen; ehemalige Mitschüler melden sich, es gibt Klassentreffen – anrührende Szenen nach den schrecklichen Jahren der Verfolgung.

Diese Premiere im Juni 1983 ist der Auftakt für ein Besuchsprogramm, das die Stadt Stuttgart, namentlich ihr Kulturamt, über mehr als zwanzig Jahre fortführt. Weil die jüdischen Gemeinden und Vereinigungen in aller Welt diese Stuttgarter Initiative als vollen Erfolg werten, nehmen im Laufe der Zeit mehr und mehr ehemalige Stuttgarter Juden die Einladung an. Gleichwohl bleibt ein Teil der Geladenen aufgrund ihrer bitteren Erfahrungen aus der Nazizeit dabei: Sie wollen das Land der Täter nie wieder betreten.

Im Juni 1983: Ehemalige jüdische Bürger besuchen auf Einladung der Stadt ihre alte Heimat, stehen zum ersten Mal nach Jahrzehnten vor den Gräbern ihrer Vorfahren auf dem **Hoppenlaufriedhof.**

Der Stuttgarter Jugendchor singt für die **jüdischen Gäste** die alten Lieder ihrer Jugend – niemand schämt sich seiner Tränen. ›

13. Juni 1983. In Echterdingen landet, aus New York kommend, die erste Gruppe der ehemaligen **Stuttgarter Juden.**

Das Ehepaar **Charlotte** und **Richard Arnstein** aus New York: Sie ist die Tochter des einstigen SPD-Kultministers und Landtagsabgeordneten Berthold Heymann. ›

6.

Das restaurierte Schloss Solitude – der ewige Patient

Im Herbst 1763, so heißt es, habe Württembergs exzentrischer Herzog Carl Eugen auf einer Jagd durch seinen Rot- und Schwarzwildpark eine Rast gemacht mit seiner Entourage – auf einer Lichtung, von der aus man herrlich weit ins Land schauen konnte in Richtung Ludwigsburg. Der impulsive und verschwenderische Regent handelte sofort, gab an seine Bauleute den Auftrag, genau an diesem Platz ein Jagd- und Lustschloss zu planen und möglichst rasch zu errichten.

Zehn Tonnen Gold sollen das Schloss, die Kirche, die Kavaliershäuser drum herum sowie riesige Gärten und eine Orangerie gekostet haben. 1769 war alles fertig. 3000 Menschen haben auf der Solitude gearbeitet, um die Ideen ihres Herzogs, seine rauschenden Feste etwa, zu verwirklichen; Friedrich Schillers Vater Johann wurde zum Leiter der exotischen Gärten ernannt. Als sein Sohn im September 1782 vor dem tyrannischen Herzog nach Mannheim floh, feierte sein Landesherr auf der Solitude gerade prunkvoll den Besuch des russischen Großfürsten Paul und seiner Frau Maria.

Schon bald darauf verlor der Herzog das Interesse an diesem kostspieligen »Maison de Plaisance«, ließ die Kirche und die Hohe Carlsschule nach Stuttgart verlagern, wandte sich selbst Schloss Hohenheim zu. Auf der Solitude gab's zu wenig Trinkwasser für den sündhaft teuren Betrieb. Die Gärten versteppten, das Schloss dämmerte vor sich hin. Vor allem das Wasser von oben setzte den Gebäuden heftig zu, denn bei ihrem Bau kannte man die moderne Technik der Dachrinnen noch nicht. Decken, Wände und das Sockelgeschoss des Schlosses litten schwer, ohne dass die jeweilige Bauverwaltung auf die Idee gekommen wäre, den Problemen wirklich auf den Grund zu gehen. War's Unvermögen oder Gleichgültigkeit? Vor allem war's wohl die Angst vor den horrenden Kosten.

Kürzen wir die Leidensgeschichte der Solitude an dieser Stelle ab: 1973 blickte man mit einer neumodischen Infrarot-Kamera erstmals tief in die marode Bausubstanz. Der Schock kam prompt, die Bauverwaltung zog sofort die Notbremse: »Unverzüglich muss das Schloss gesperrt werden! Es besteht akute Einsturzgefahr!« Die erste Kostenschätzung kam auf neun Millionen D-Mark, fünf Jahre werde man wohl brauchen, um zu restaurieren. Leider zu optimistisch. Die Rettung der Solitude dauerte zehn Jahre und kostete 15 Millionen D-Mark.

Am 17. Juli 1983 wurde Schloss Solitude wieder eröffnet; die bauliche Sicherung der Kavaliershäuschen, eine höchst begehrte Gruppe von Mietwohnungen, sowie der Bau der Akademie Schloss Solitude nahmen weitere Jahre in Anspruch. Immerhin setzte die Landespolitik darauf, diesen historischen Ort zu erhalten, koste es, was es wolle; Lothar Späth wohnte mit seiner Familie in einem modernen Wohnhaus unweit des Schlosses. Das politische Bekenntnis des Landes zum Erhalt der Solitude besteht bis heute. Das ist erfreulich, selbst wenn es sich um ein Fass ohne Boden handelt. Gerade jetzt, anno 2022, steht ein weiteres jahrelanges Projekt bevor: Das Deckengemälde von Nicolai Guibal im »Weißen Saal« unter der Schlosskuppel ist schadhaft – an 2000 Stellen!

Nach zehn Jahren Bau- und Restaurierungszeit wird das **Schloss Solitude** wieder eröffnet.

Die **Restaurierung** der herrlichen Decken- und Wandgemälde kostete viel Zeit und Millionen D-Mark.

‹ Von 1763 bis 1769 dauerte der Bau des Schlosses »auf der Solitude«.
1973 musste es wegen **Einsturzgefahr** geschlossen werden.

7.

Stuttgart, die heimliche deutsche Sporthauptstadt

Der 14. September 1983 ist für Stuttgart ein historischer Tag: Mit der Einweihung der Hanns-Martin-Schleyer-Halle rückt die Landeshauptstadt in die erste Reihe der europäischen Sportstädte auf. Das entwickelt sich nicht etwa langsam und bedächtig, quasi Schritt für Schritt, nein, das geht Schlag auf Schlag. Und je mehr sportliche Highlights in Stuttgart stattfinden, desto mehr Aufmerksamkeit erweckt Stuttgart mit seinem sachkundigen und begeisterungsfähigen Publikum bei den internationalen Sportverbänden.

Einige Beispiele, jedoch ohne Anspruch auf Vollständigkeit, denn die Fülle der attraktiven Events ist enorm: Im Eröffnungsjahr 1983 starten die Turner mit ihrem DTB-Pokal, der eine Tradition begründet, die erst 2006 endet. 1984 gibt's das erste Stuttgarter Sechs-Tage-Rennen – eine bunte Mischung aus Sport und Remmidemmi, ein Treffpunkt der Stars und der Sternchen. 1985 schlägt die Geburtsstunde des internationalen Reitturniers »German Masters« in der Schleyerhalle; der deutsche Spitzenreiter Paul Schockemöhle urteilt so: »Stuttgart ist auf Anhieb das beste deutsche Hallenturnier!« (Im Herbst 2022 findet die 36. Auflage statt.)

Ebenfalls 1985 sieht die Schleyerhalle einige Spiele der Basketball-Europameisterschaft. Im August 1986 steht Stuttgart weltweit im Fokus: Die 14. Leichtathletik-EM im Neckarstadion lockt 300000 (!) Besucher, eine halbe Million Menschen kommt vom 26. bis 31. August zu den »Europäischen Nächten« in die Innenstadt. Die Stuttgarter bewähren sich als Ausrichter, sodass die Stadt wenig später den Zuschlag für die Leichtathletik-WM im Jahr 1993 erhält. Im Jahr 1987 kreiert man für die besten internationalen Athleten den »Sparkassen-Cup«, der erst 2011 endet.

1989, im Jahr der deutschen Wende, blickt die internationale Sportwelt vom 15. bis 17. Dezember erneut nach Stuttgart: Im 78. Finale des Tennis Davis Cups stehen sich in der Schleyerhalle Gastgeber und Titelverteidiger Deutschland und die schwedischen Stars gegenüber. Teamchef Nikola Pilic führt den Badener Boris Becker, Eric Jelen, Patrick Kühnen und den Schwaben Carl-Uwe Steeb zum 3:2-Sieg gegen Mats Wilander, Stefan Edberg, Anders Järryd und Jan Gunnarsson. Die Arena ist restlos ausverkauft, das Fernsehen überträgt die dramatischen Matches stundenlang zur besten Sendezeit. Deutschland im Tennisfieber – Stuttgart mittendrin.

Wenige Wochen zuvor, als noch niemand ahnt, dass die Berliner Mauer bald fallen wird, erleben die Sportfans in der Schleyerhalle die 25. Kunstturn-WM. Zur Eröffnung tanzt sogar das weltberühmte Stuttgarter Ballett – man bietet alles auf, was gut und teuer ist. Zu den attraktiven Sportevents jener Jahre gehören unter anderem auch Boxkämpfe, Hallenfußball und Hallenhandball, Motocross und Tanzen.

Alles in allem – Stuttgart erwirbt sich in den achtziger Jahren den Ruf, die »heimliche deutsche Sporthauptstadt« zu sein. Dazu trägt auch der VfB Stuttgart bei, »die Roten«, die 1984 Deutscher Meister werden, die »Blauen von der Waldau«, die Stuttgarter Kickers, steigen 1988 in die erste Liga auf – müssen 1989 leider schon wieder absteigen. (Den beiden Aushängeschildern im Fußball ist ein eigenes Kapitel gewidmet.)

Rückschau aus heutiger Sicht: Die Dynamik im Stuttgarter Sport ist nach der Jahrtausendwende leider verflacht, die kommunale Sportpolitik ließ das Thema fallen, nicht zuletzt aus finanziellen Gründen.

Das internationale Reitturnier **German Masters,** 1985 begründet, besteht bis heute. Im Bild vom Herbst 1989 der Brite John Whitaker und sein legendärer Schimmel Milton. ›

Die Sportfans feiern, denn ein Traum hat sich erfüllt: Stuttgart ist eine Station der **Tour de France** im Juli 1987.

Eröffnungsfeier der **Leichtathletik-EM** am 26. August 1986. Stuttgart macht weltweit Schlagzeilen.

In der Sommerhitze mögen die gequälten **Radprofis** jeden Tropfen Wasser …

Leichtathletik-EM 1986: Die Sprinterin Marlies Göhr aus der DDR lässt sich bejubeln.

Sechs-Tage-Rennen in der Schleyerhalle sind für viele tausend Besucher eine neue Erfahrung. Das letzte Rennen ist lange her …

Der **Max-Eyth-See** bei Münster ist ein Segelrevier, wenn auch recht überschaubar.

Das ist Spitze!
Stuttgarter Hofbräu
So ein Bier!

Tennisturnier auf dem **Weißenhof** anno 1983: Der Schwede Björn Borg ist weltweit die Nummer eins in seinem Sport.

Messechef Rainer Vögele holt die **Tenniselite** in die Schleyerhalle und verhandelt geschickt mit dem cleveren Manager von Boris Becker, Ion Tiriac.

Der Präsident des VfB Stuttgart, **Gerhard Mayer-Vorfelder,** kurz »MV«, ist das, was man einen Sport-Motor nennen könnte …

… sein Freund **Axel Dünnwald-Metzler,** der Präsident und Mäzen der Kickers, steht »MV« in nichts nach.

Das alte **Neckarstadion** unter neuem Flutlicht. Die Atmosphäre ist großartig, aber die Arena müsste dringend modernisiert werden.

‹ Die Schleyerhalle ist Schauplatz der **Tanz-WM** von 1985. Die Stuttgarter organisieren »no grad älles«, wie der Schwabe sagt.

In den achtziger Jahren wagt der **Frauenfußball** seine ersten Spiele – doch der Weg zur Anerkennung ist noch ziemlich weit …

START
Coca-Cola

Kaum zu glauben, aber wahr: Stuttgart hatte auf dem Wasen tatsächlich mal eine hölzerne **Radrennbahn** im Freien.

Vor allem der **Breitensport** liegt dem Rathaus am Herzen: Die Stuttgart-Läufe für Jung und Alt locken Tausende von Hobbyathleten an.

8.

Die Bilder der Innenstadt

Der Bauboom der 80er-Jahre zeigt sich am stärksten und zuallererst in der Innenstadt. Die Neue Staatsgalerie und die Neubauten auf dem einstigen Wulle-Gelände stechen ins Auge: Das Hotel »Interconti«, heute »Le Meridien«, sowie die Bürobauten am Kernerplatz für das Ministerium für Landwirtschaft und Umwelt. Das gilt gleichermaßen für das Schwabenzentrum zwischen Eberhard- und Hauptstätter Straße, wo die Stadt Stuttgart ihre für das Publikum wichtigen Ämter ansiedelt. Beim Charlottenplatz forciert die Kommune das innerstädtische Wohnen – ein Modellvorhaben, das die Wohnungsnot in der Landeshauptstadt allerdings kaum zu lindern vermag. Der in den 70er-Jahren begonnene Ausbau des öffentlichen Nahverkehrs, das Verlegen der guten alten Straßenbahn unter die Erde geht zügig voran. Die S-Bahnstrecken ins Umland kommen hinzu. Ganz nebenbei bemerkt: Von Stuttgart 21 war zu jener Zeit noch gar keine Rede – dieses epochale Thema kam erst 1994 auf die politische Bühne in Stadt und Land.

Die Fotos aus jenem Jahrzehnt beschwören zugleich noch einmal die Idylle – die Neue Weinsteige bei Nacht, die quirlige Calwer Passage mit ihren attraktiven Geschäften – heute würde man sie »Shopping Mall« nennen. Die gute alte Calwer Straße mit ihren nostalgisch anmutenden Giebelhäusern. Zugleich der Glanz der Breuninger-Passage, der einen Hauch von Paris und London in die schwäbische Metropole bringt. Das Lindenmuseum am Hegelplatz wurde für viel Geld und mit viel wissenschaftlichem Engagement modernisiert.

Horst Rudels Bilder zeigen aber auch den Weinbau am Kriegsberg, nahe dem Hauptbahnhof, das Alte Schloss und die Markthalle, das Weindorf, kurzum: viele Bürgerinnen und Bürger hängen an den Stein gewordenen Zeugen der sogenannten guten alten Zeit, von der wir alle wissen, dass sie so gut und so strahlend nun auch wieder nicht war.

Immer wieder schön anzuschauen: Die **Neue Weinsteige** und die Innenstadt am Abend.

photo bergmeister
ledermode
candy schuhe

Die **Calwer Straße** birgt die letzten Originale des alten Stuttgart, die den Zweiten Weltkrieg und die Abrisspolitik der ersten Nachkriegsjahre überlebt haben.

‹ Ein architektonischer Hingucker: Die neue **Calwer Passage** der Architekten Kammerer und Belz. Heute entsteht um sie herum ein neues Bürozentrum, das 2022 fertig wird.

ERBSWURST
Wein
Wein
Wein

Oscar Zahn und sein **Kolonialwarenladen** waren über Jahrzehnte ein Anziehungspunkt, ein echtes Stück Alt-Stuttgart. Oscar Zahn lebt nicht mehr, sein Laden ist Geschichte.

‹ Im Oktober 1989 eröffnet das Kaufhaus **Breuninger** seine neue »Karlspassage« – ein Glanzpunkt im internationalen Stil. Das Traditionsunternehmen bekennt sich zum Standort Stuttgart.

Zweimal Kunst im öffentlichen Raum:
Oben das »Stadtzeichen« von **Otto Herbert Hajek** …

… unten das bunte Mobile des Amerikaners **Alexander Calder** vor dem Kleinen Schlossplatz.

Ein Hauch vom alten Stuttgart: Das Eingangstor zum ehemaligen **Kronprinzenpalais.**

Kleinod in der berühmten Halbhöhenlage: Das **Teehaus** im Park der Villa Weißenburg, die man leider abgerissen hat. ›

Kaiser Wilhelm I. auf dem **Karlsplatz.** In den 80er-Jahren fällt man alle Bäume, legt den Platz neu an. Seit einigen Jahren geht's um die Frage: Wie lange noch wollen wir diesen Kaiser Wilhelm auf dem Karlsplatz? ›

Im Bauboom der 80er-Jahre wird das Schwabenzentrum zwischen **Eberhard- und Hauptstätter Straße** vollendet.

Die fertige Frontlinie des **Schwabenzentrums.**

Die **Arkade** des Schwabenzentrums an der Eberhardstraße mit ihren Geschäften und Restaurants.

Stuttgarts »Reeperbähnle« im **Leonhardsviertel** – hier geht alles eine Nummer kleiner …

Das **Bohnenviertel** beim Charlottenplatz, wo früher die Bewohner kleine Vorgärten pflegten, wird zum innerstädtischen Wohngebiet mit Stadthäusern, Werkstätten und Gasthäusern.

6
Gerlingen
735
735

Stuttgart war und ist eine Weinbaugemeinde: Die IHK betreibt ihren **Weinberg auf dem Kriegsberg,** unmittelbar am Hauptbahnhof.

‹ Die **Straßenbahn** der Linie 6, von Degerloch kommend, auf der Neuen Weinsteige. Ihr Ziel war damals Gerlingen.

Vom Eugensplatz in Richtung Innenstadt fließt das Wasser am **Galateabrunnen** heiter in Kaskaden. Die beiden Mädchen bleiben trotzdem ins Lesen vertieft.

Eine Idylle des Jahres 1989: Bei den Hausmeisterinnen und Hausmeistern an der **Königstraße** gibt's Kaffee und Kuchen auf der Dachterrasse.

Die Skulptur **»Der Denker«** von Hans-Jörg Limbach ist im Schwäbischen besonders beliebt, denn der Schwabe sinniert ja so gerne über Gott und die Welt … ›

Qualm über der Innenstadt. 1981 brennt's beim **Haufler am Marktplatz.** Der Sachschaden ist enorm, Menschen kommen gottlob nicht zu Schaden. ›

haufler
SPIELWAREN
KURTZ
KOCH AM MARKT
die stadt informiert die stadt

Stuttgarter Schokoladenseite. Der **Schillerplatz** am Markttag mit Schillers Denkmal, mit dem Alten Schloss und dem Fernsehturm im Hintergrund.

Ehrlich jetzt: In den 70er-Jahren sollte sie abgerissen werden – Gott sei Dank ist daraus nichts geworden. Die **Markthalle** beim Alten Schloss ist ein »Muss« für jeden Stuttgart-Touristen. ›

Südfrüchte

Blick auf die **Innenstadt am Abend.** Noch Fragen?

Wer das **Stuttgarter Weindorf** nicht kennt,
der hat wirklich etwas versäumt!

Auf dem Mäuerchen vor dem **Bismarckturm** – der magische Blick auf die Stadt im Talkessel.

Siesta am **Schloss Rosenstein,** hoch über dem Neckar

Das **Hotel »Interconti«** an der alten Neckarstraße startet 1983 in eine neue Ära. ›

Wo einst die Brauerei Wulle stand, schaffen die Architekten Kammerer und Belz ein **neues Stadtquartier** mit Hotel und Büros für die Ministerien des Landes. ›

HOTEL INTER·CONTINENTAL

9. Who is Who? Oder wer ist wer? Die Prominenten

Die so locker-lässige Frage »Who is who?« geht uns Medienleuten scheinbar leicht über die Lippen, wir kennen schließlich Gott und die Welt – glauben jedenfalls unsere Leser*innen. Weit gefehlt. So leicht ist es nun auch wieder nicht, Fotos von Menschen auszusuchen, die den 80er-Jahren in Stuttgart ihren Stempel aufgedrückt haben. Unsere Auswahl auf den folgenden Seiten ist rein zufällig. Vom Anspruch auf Vollständigkeit sind wir weit entfernt. Wir beginnen mit einem markanten Portrait des unvergessenen Oberbürgermeisters Manfred Rommel der damals noch Pfeife rauchte, wo es ihm gefiel.

Kein Zweifel, Lothar Späth, der Ministerpräsident von der CDU, prägte die Landespolitik jener Zeit, er war der nimmermüde Motor vieler Kulturprojekte: Neue Staatsgalerie, Wilhelma-Theater, Lindenmuseum, Naturkundemuseum und Schloss Solitude. Späth formte aus seinem »Musterländle« die »Baden-Württemberg AG«, verbesserte im Zusammenwirken mit OB Rommel und dem Rathaus die Zusammenarbeit. Seine Nähe zur Wirtschaft wurde ihm schließlich zum Verhängnis. Private Einladungen des SEL-Chefs Helmut Lohr, die sogenannte »Traumschiff-Affäre«, beschädigten sein öffentliches Ansehen – seine Beteuerung »Ich bin nicht käuflich!« nutzte nichts. Seine durchaus erfolgreiche Arbeit in der Villa Reitzenstein endete am 13. Januar 1991 mit seinem Rücktritt und dem Rückzug aus der Politik.

Horst Rudel gelang es, 1987 den Papst zu fotografieren, der auf dem Flughafen in Echterdingen das Flugzeug wechseln musste. Die Gründe dafür kennen wir nicht. Hätten die Schwaben in Stadt und Land gewusst, dass das Oberhaupt der katholischen Kirche ganz in ihrer Nähe weilt – der Verkehr rund um den Flughafen wäre gewiss zusammengebrochen.

Ein besonderes Foto glückte dem Fotografen der Stuttgarter Zeitung im Jahr 1981: Es zeigt den schwäbischen Schauspieler und Humoristen Erich Hermann (1911–1984), besser bekannt als »Rundfunk-Fritzle«. Hermann war ein Urgestein des Süddeutschen Rundfunks – den Privatmann allerdings kannte man in der Öffentlichkeit kaum, einmal abgesehen von den bunten Nachmittagen vor Publikum im Großen Sendesaal der Villa Berg. Das Fernsehen war seinerzeit noch nicht die Bühne des schwäbischen Volksschauspielers. Sein Lied »Dr Killesberg, dr Killesberg, des isch mei Paradies« hat ihn unsterblich gemacht. Im Tal der Rosen auf dem Killesberg erinnert ein Gedenkstein an Erich Hermann.

Zwei Menschen, die gewiss nicht das Geringste miteinander gemein hatten, waren der linke Buchhändler Wendelin Niedlich und der Kunstfälscher Konrad Kujau. Wendelin Niedlich (1927–2022) betrieb seit 1960 seine besondere Buchhandlung an verschiedenen Orten der Innenstadt. Er blickte meist mürrisch, war aber ein liebenswerter und charmanter Zeitgenosse. Wollte man ein spezielles Buch erwerben, war man bei ihm an der falschen Adresse, wollte man sich ein interessantes Buch (oder mehrere) gönnen, inspirierten Niedlichs handschriftliche Empfehlungen zum Kaufen und Lesen. Seine Bücherläden waren Kult, allerbeste Orte, die eigene Bildung zu verbessern.

Ganz anders Konrad Kujau. Weil er 1983 dem Magazin »Stern« die von ihm gefälschten Hitler-Tagebücher andrehte (angeblich für neun Millionen D-Mark, die bis heute verschwunden sind), sahen viele in ihm eine Art von Robin Hood, der es den Reichen nimmt und den Armen gibt. Aber so einfach war's nicht: In seinem Laden am Bihlplatz in Heslach handelte Kujau mit Militaria und Devotionalien aus der NS-Zeit. Seine Kunden waren Ewiggestrige. Der gerechten Strafe für seine Betrügereien konnte er gottlob nicht entgehen.

Manfred Rommel, der OB, der gerne Pfeife raucht, regiert die Stadt seit 1975 mit Umsicht und Geschick.

Auch **Margret Thatcher,** die »Eiserne Lady« aus Downing Street 10, kommt zum Gipfel.

Bundeskanzler Helmut Kohl und Frankreichs Präsident Mitterrand beim **EG-Gipfel** im Juni 1983.

Zwei Ministerpräsidenten genießen den Augenblick vor dem Neuen Schloss: Gastgeber **Lothar Späth** und der Bayer **Franz Josef Strauß;** rechts von ihm **Uwe Barschel,** damals MP von Schleswig-Holstein.

Maikundgebung 1980: Bundeskanzler Helmut Schmidt auf dem Marktplatz.

‹ Lothar Späth testet 1988 das **erste Mobiltelefon** von SEL (Standard Elektrik Lorenz). Seine Nähe zum SEL-Chef Helmut Lohr kostet ihn später das Amt.

Königin Beatrix der Niederlande wird von Lothar Späth willkommen geheißen.

‹ Der schwedische **König Carl XVI. Gustaf** wird auf dem Rollfeld in Echterdingen begrüßt.

Bundespräsident Richard von Weizsäcker sucht stets den Kontakt zu den jungen Menschen.

Drei Sportgrößen: **Franz Beckenbauer,** der Sportjournalist **Hans Blickensdörfer** von der Stuttgarter Zeitung und **Helmut Schön,** damals Bundestrainer.

‹ **Manfred Rommel** lacht gerne und ist immer für einen komischen Auftritt zu haben.

Drei führende Herren von Daimler-Benz: Die **Manager Werner Niefer** (links) und **Edzard Reuter** (rechts), mit **Alfred Herrhausen,** dem Chef der Deutschen Bank.

Lufthansa
Lufthansa

Zwei deutsche Größen: Bundespräsident **Karl Carstens** (rechts) und der großartige Chorleiter **Helmuth Rilling** im Weißen Saal des Neuen Schlosses.

‹ 1987 weilt **Papst Johannes Paul II.** für kurze Zeit auf dem Rollfeld in Echterdingen. Er muss von einem ins andere Flugzeug umsteigen.

Ein Wohltäter mit großem Herzen: **Hans Joachim Schmidtgen,** Generalkonsul von Norwegen und vielfach sozial engagiert.

Jenseits von Eden

1983 kommt die wunderbare **Senta Berger** zu einer Lesung in die Landesgirokasse an der Königstraße.

‹ Ein bekannter Unbekannter: Erich Hermann (1911-1984), das **»Rundfunk-Fritzle«** des Süddeutschen Rundfunks, 1981 für die Nachwelt fotografiert.

Zeitlebens war der Künstler **Otto Herbert Hajek** seinem Stuttgart in einer Art Hassliebe verbunden.

Hier
wird nicht geklaut.

Konrad Kujau, ein Militariahändler und Kunstfälscher, narrte das Magazin »Stern« vom Bihlplatz in Heslach aus.

‹ Typisches Bild von Wendelin Niedlich, dem legendären linken Buchhändler, der 2022 gestorben ist.

Ute Lemper 1988 in der Schleyerhalle. Sie war auf dem Weg zum Weltstar.

September 1988: Thomas Gottschalk und sein Stargast Nana Mouskouri bei **»Wetten, dass …?«** in der Böblinger Sporthalle. In Stuttgart gab es zu dieser Zeit keine geeignete Halle für Fernsehübertragungen.

‹ **Paul Kuhn,** der wunderbare Bandleader aus Berlin, beim Opernball im Januar 1985 im Großen Haus.

1989 kommt die Schauspielerin **Elke Sommer** zur Autogrammstunde in den Kaufhof.

Rolf Thieringer, der Erste Bürgermeister und Rommels Stellvertreter, 1986 im **Möhringer Waldheim.** Thieringer stirbt 2022.

OB Rommel strahlt, die hübschen Gardemädchen gefallen ihm durchaus, den Rathaussturm nimmt er mit Humor.

10.

Impressionen aus den Stadtteilen

Unsere Landeshauptstadt besteht aus 23 Stadtbezirken, fünf inneren und 18 äußeren. Stuttgart ist, historisch betrachtet, so etwas wie ein Konglomerat einst selbständiger Ortschaften, die meisten von ihnen waren geprägt durch die Landwirtschaft. Die gibt es vielerorts immer noch, beispielsweise auf den Fildern. Die Stärke unserer Stadt ist die Vielfalt ihrer Bezirke und Stadtteile. Der Pressefotograf Horst Rudel kennt sie nach fünf Jahrzehnten tagtäglicher Arbeit quasi aus dem Effeff!

Längst kein Geheimtipp mehr ist etwa der zoologische Garten der Universität Hohenheim. Gleiches gilt für die Grabkapelle auf dem Württemberg, erbaut 1820 bis 1824 von König Wilhelm I. nach dem Tod seiner Frau Katharina 1819. Der Max-Eyth-See bei Freiberg und das Mineralbad Leuze in Ortsteil Berg sind Kleinode wie auch der Eichenhain in Sillenbuch und Riedenberg. Die »Zacke«, die vom Süden nach Degerloch hinaufrattert, wird von den Bürgern geradezu geliebt – der Neckarhafen, Mitte der fünfziger Jahre angelegt, ist nach wie vor ein Wirtschaftsfaktor.

Der »Monte Scherbelino« im Westen, nach dem Zweiten Weltkrieg aufgeschüttet aus vielen tausend Tonnen von Trümmern der zerstörten Stadt, ist ein steinernes Mahnmal gegen den Krieg. Das Bärenschlössle im Rot- und Schwarzwildpark mit seinen Bärenseen zählt zu den beliebtesten Ausflugszielen der Bürgerschaft. Der Nesenbach, in früheren Zeiten so etwas wie eine Lebensader zwischen Vaihingen auf der Höhe und dem Neckar drunten im Tal – einst war er ein stinkender Bach durch die alte Innenstadt. Inzwischen fungiert er als Hauptsammler, leitet das Regenwasser ab, auf dass die Keller nicht volllaufen.

Das 1927/28 auf dem Killesberg im Stil des Bauhauses erbaute Musterbeispiel der Architekturgeschichte der zwanziger Jahre des vorigen Jahrhunderts ist die Weißenhofsiedlung. Von den Nationalsozialisten als »Araberdorf« diffamiert, kommen bis heute Freunde der Architekturgeschichte aus aller Welt, um die berühmten Bauwerke der weltweit führenden Architekten der damaligen Zeit zu sehen.

Möhringen auf den Fildern, wo der Fotograf Horst Rudel seit Jahrzehnten lebt und arbeitet, gehört sein besonderes Interesse: Das Züblinhaus an der Vaihinger Straße, die Sternhäule, wo Daimler-Benz in den siebziger und achtziger Jahren seine Hauptverwaltung angesiedelt hat. Natürlich der Flughafen in Echterdingen, um dessen schrittweisen Ausbau es über lange Jahre heftige politische Auseinandersetzungen gegeben hat.

Bei der Stuttgarter Zeitung jener Jahre gab's im Lokalteil täglich das »Bild des Tages« – eine Spielwiese für Fotografen, die mit offenen Augen und kreativem Blick die Szenen des Alltags festhielten. Viele der Bilder von damals, die in diesem Buch versammelt sind, wurden unter diesem Motto gedruckt. Sie alle zeigen ein Stück Stuttgart, das es gottlob bis heute noch gibt.

Der **Exotische Garten** von Hohenheim ist einer der schönsten weit und breit.

Das 1820 bis 1824 erbaute **Mausoleum,** in dem König Wilhelm I. und seine Frau Katharina ihre letzte Ruhestätte fanden.

‹ Stuttgart – die Großstadt zwischen Wald und Reben! Der alte Werbeslogan stimmt noch immer. Vorne die **Grabkapelle** auf dem Württemberg.

Die **Wohnstadt Asemwald** – experimenteller Wohnbau auf den Fildern.

Das von Otto Herbert Hajek gestaltete **Mineralbad Leuze** ist ein Anziehungspunkt für die Freunde der heilsamen Stuttgarter Wässer.

‹ Der Stadtbezirk **Freiberg** mit dem Neckar und dem Max-Eyth-See.
Dort entstand in den 80ern richtungsweisender Wohnungsbau.

SKYLAB

Das **Stuttgarter Rössle** im Karussell für die Kleinen.

‹ Das Riesenrad auf dem **Cannstatter Wasen** ist ein Synonym für die uralte Erkenntnis, dass es immer irgendwie weitergeht.

Brezelkörble auf der Königstraße – für den kleinen Hunger zwischendurch.

Der **Eichenhain** bei Sillenbuch und Riedenberg war und ist ein Kleinod – nicht nur für die Schafe.

‹ Idylle zwischen dem Eugensplatz und dem Bubenbad – das **»Verlobungswegle«.**

10
104

Die Weinberge, der Neckar und der **Hafen,** der in den kalten Wintern zufriert – in unseren Tagen nur noch selten.

‹ Die **Zahnradbahn,** die der Volksmund »Zacke« nennt, auf ihrem Weg zwischen dem Albplatz in Degerloch und dem Marienplatz im Süden.

Der Trümmerberg Birkenkopf, im Volksmund **»Monte Scherbelino«,** erinnert an die Zerstörung der Stadt bei den 52 Luftangriffen während des Zweiten Weltkriegs.

‹ Stuttgarter Schokoladenseite:
Die **Bärenseen** im Rot- und Schwarzwildpark.

Das **Bärenschlössle** im Rot- und Schwarzwildpark – damals wie heute eines der besonders beliebten Ausflugsziele am Rand der Landeshauptstadt.

‹ Sommerfrische am **Katzenbacher Hof** in Vaihingen.

Der **Nesenbach** auf seinem Weg von Vaihingen, wo er entspringt, zum Neckar. Das Bild zeigt den schmalen Bachlauf bei Kaltental.

Schiffsparade auf dem **Neckar** bei Münster. ›

Darauf schwören die Fans im **Mineralbad Berg:** Mondschein, Dampf und ziemlich kaltes Wasser. ›

Das Haus des Architekten **Le Corbusier** gehört seit 2016 zum Weltkulturerbe des Künstlers.

Die **Weißenhofsiedlung,** 1927/28 gebaut, wurde in den 80er-Jahren originalgetreu restauriert. Im Hintergrund das Wohnhaus »Schönblick« aus derselben Bauepoche.

Die Reihenhäuser des niederländischen Architekten **Jacobus Oud.**

NEOPLAN
REISEDIENST
KAISER
KAISER

Das Fließband des **Porsche 911** in Zuffenhausen – ein schwäbischer Traum, den die ganze Welt kennt.

‹ Die **Firma Neoplan** der Familie Auwärter, die in Möhringen modernste Omnibusse baute. Das Unternehmen gibt es dort nicht mehr.

Auch diesen schwäbischen Traum kennt die ganze Welt: **»Schaffa, spara, Häusle baua!«**

Fröhliche Jugend beim Start in die großen Ferien.

Der vielleicht schönste Arbeitsplatz, der sich denken lässt:
Im großen Seerosenteich der **Wilhelma.**

Auf dem Gewann Sternhäule an der Landhauskreuzung in Möhringen entsteht die Konzernzentrale von **Daimler-Benz.**

‹ Der Architekt Gottfried Böhm plante und baute in den 80er-Jahren die neue Hauptverwaltung des Baukonzerns **Züblin** an der Vaihinger Straße in Möhringen.

OB Manfred Rommel setzt 1988 den Grundstein für den Bau des **Kultur- und Kongresszentrums Liederhalle.**

STUTTGART
Lufthansa

Abendstimmung auf den **Fildern.**

Nur noch ein nostalgischer Blick: Das längst verschwundene Hauptgebäude des Echterdinger **Flughafens.**

1989 entsteht auf dem Flughafen die neue **Abflughalle** mit den markanten Trägern des riesigen Daches.

Ein Schnappschuss von 1980: Der traditionsreiche Zirkus Althoff lädt am Güterbahnhof in **Cannstatt** seine Elefanten aus. Zu Fuß geht's von dort auf den Wasen.

‹ Das **Stuttgarter Rössle** ist nicht so leicht zu bändigen.

Reitjagd mit Hundemeute auf den **Fildern.**

11.

Kultur und Zeitgeschichte

Der Trompeter Miles Davis, eine Ikone des Jazz, gastiert Mitte Juli 1988 beim »Jazz Gipfel« in der alten Liederhalle am Berliner Platz. Mit ihm musizieren Chick Corea und Herbie Hancock – Stuttgart unterstreicht seinen traditionellen Ruf als Hochburg des internationalen Jazz, begründet vom unvergessenen Bandleader und Komponisten Erwin Lehn, der aus seinem Südfunk Tanzorchester eine Jazzband von Rang geformt und den »Treffpunkt Jazz« kreiert hat. Die 1983 eröffnete Schleyerhalle entwickelt sich binnen kurzer Zeit zu einem regelrechten »Musikdampfer«. 1984 steht Udo Lindenberg erstmals auf der Kommandobrücke, heizt die Stimmung mächtig an, tritt allerdings, wie die Fotos beweisen, ohne seinen mittlerweile unverzichtbaren Hut auf.

1981 stirbt der legendäre Generalintendant Walter Erich Schäfer, dem Stuttgart sein bis heute währendes Ballettwunder verdankt. Während die 1983 eingeweihte Staatsgalerie an der Neckarstraße Tausende von Neugierigen anlockt, gedeihen am Hegelplatz im Westen und am Löwentor im Norden zwei weitere Kulturprojekte: Das modernisierte Lindenmuseum für die Völkerkunde sowie das nagelneue Naturkundemuseum. Während der Leichtathletik-WM von 1986 knüpft die Stadtverwaltung an die »Langen Nächte« der siebziger Jahre an, organisiert »Internationale Nächte«, zeigt sich als guter Gastgeber weltoffen und freigiebig. Die sogenannte Hochkultur und die Unterhaltung für die breite Masse der Menschen halten sich die Waage – Elitäres und völlig Abgehobenes haben hier keine Chance. Als Placido Domingo am 6. April 1988 im Großen Haus den »Othello« singt, will der Applaus nicht enden. Jahre später tritt er in der Schleyerhalle auf, bringt »Zarzuela«, also die Volkslieder seiner spanischen Heimat. Beide Male sind seine Auftritte ausverkauft.

In den achtziger Jahren wirkt Oberbürgermeister Manfred Rommel (CDU) einmal mehr an der politischen Kultur maßgeblich mit. Aus dem Streit um die »Leipnersche Chronik« der Jahre 1933 bis 1945 entwickelt der geschichtsbewusste OB sein »Projekt Zeitgeschichte«. Soll heißen: Die Chronik der Stadt soll nicht, wie Archivdirektor Kurt Leipner fordert, lediglich als reine Faktensammlung unter Tagesdaten erscheinen – Stuttgart müsse, so Rommels Auftrag, das »Tausendjährige Reich«, die Verfolgung, Vertreibung und Ermordung zehntausender Juden aus Stuttgart und Württemberg selbstkritisch und faktenreich darstellen. Also beginnt in der »Kultur unterm Turm«, am Fuße des Tagblatt-Turms an der Eberhardstraße, die Ausstellungsreihe »Stuttgart im Dritten Reich« – in der Rückschau von heute ein geradezu vorbildhaftes Projekt, das sich über Jahre hinzieht und auf höchstes Interesse stößt.

Heute, Jahrzehnte später, diskutiert man in Stuttgart über einen modernen Neubau des Lindemuseums an einem anderen Standort, auch ein Neubau für die veraltete Schleyerhalle steht auf der politischen Agenda. Frei nach dem Motto: das Bessere ist der Feind des Guten!

Im Juli 1988 spielt der weltberühmte Miles Davis beim **Jazz Gipfel.**

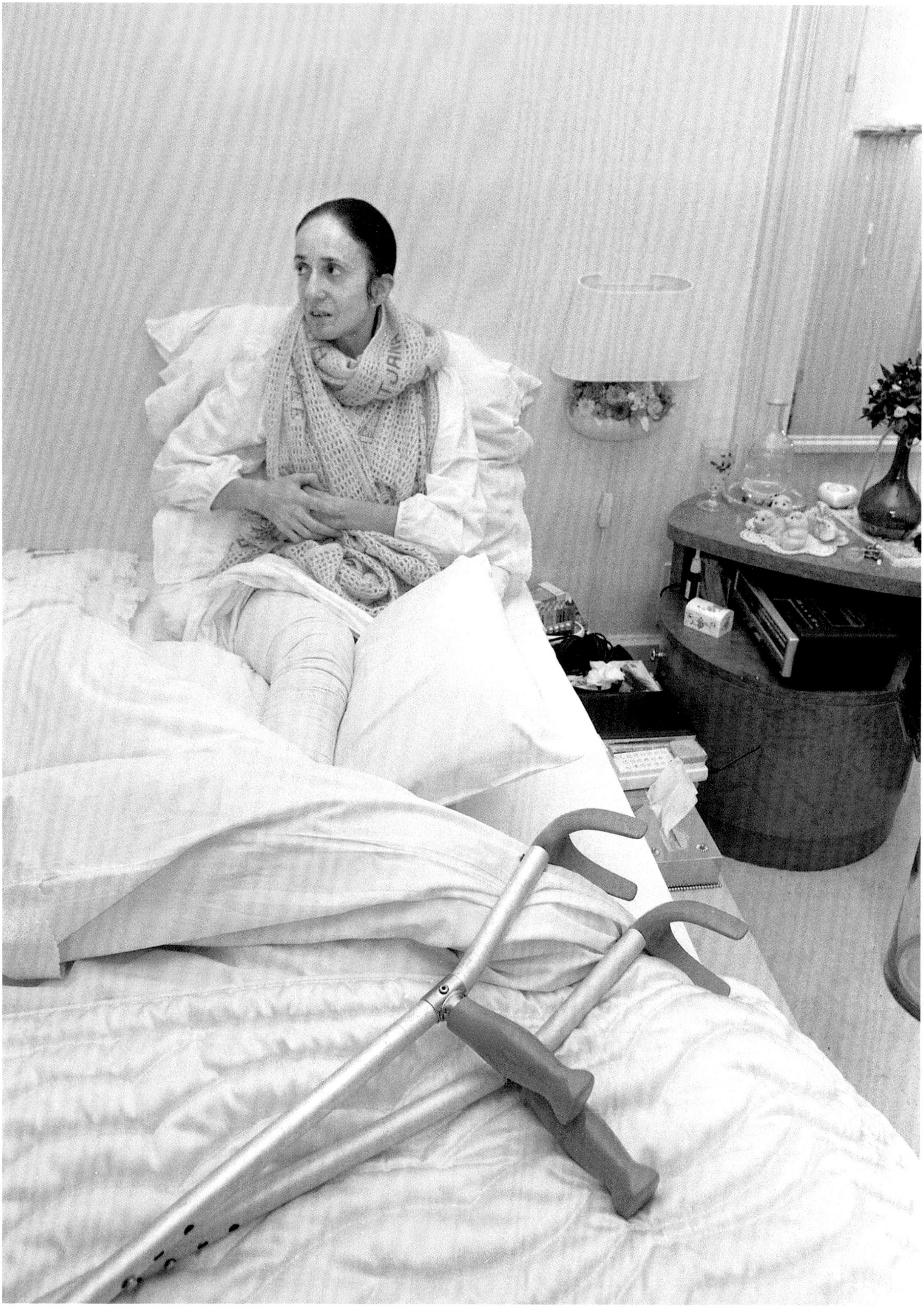

Der Startenor Placido Domingo feiert am 6. April 1988 als Othello Triumphe im **Großen Haus.** Eine Stunde lang wird ihm applaudiert.

‹ Die **Primaballerina Marcia Haydée** hat sich verletzt. Sie bittet Horst Rudel, ihr Malheur für die Nachwelt festzuhalten.

Ein historisches Dokument des weltbekannten Balletts: Generalintendant **Walter Erich Schäfer** (Mitte), der 1981 starb, mit seinen Stars: Links von ihm der unvergessene Ballettdirektor und Choreograph John Cranko, rechts die Tänzerin Birgit Keil.

Röhre
Roxanne

Der Sprayer von Zürich, **Harald Nägeli,** Begründer der Street-Art, hinterlässt 1981 auch in Stuttgart seine Spuren.

‹ Kultstätte für die Fans der lauten Musik: **»Die Röhre«** im Wagenburgtunnel anno 1985.

Die »Kleine Tierschau« mit dem großartigen Michael Gaedt im alten **Theaterhaus in Wangen.**

‹ 1984: **Udo Lindenberg,** seinerzeit noch ohne Hut, rockt die Schleyerhalle.

Die Stadt kauft für ihre Galerie im alten **Kunstgebäude** das Otto-Dix-Gemälde »Salon I«. Im Hintergrund das Dix-Triptychon »Großstadt« aus den Jahren 1927/28.

In den 80er-Jahren wird das 1911 erbaute Lindenmuseum für **Völkerkunde** am Hegelplatz aufwendig restauriert und im Juli 1985 wieder eröffnet. Kostenpunkt 36 Millionen D-Mark.

Das **Lindenmuseum** am Hegelplatz, quasi auf der Grenze zwischen den Stadtbezirken Nord und West. In unseren Tagen wird über einen notwendigen Neubau diskutiert und darüber, welchen historischen Ballast das Museum aus der Kolonialzeit mit sich herumschleppt.

Hegelplatz

Ausstellungsreihe
STUTTGART
IM
DRITTEN REICH
PROLOG
Politische Plakate
der späten
Weimarer Republik
14. August bis 15. November 1982
Projekt Zeitgeschichte
»Kultur unterm Turm«
Eberhardstraße 61a · Stuttgart
Geöffnet: täglich
außer Montag 10–17 Uhr
Freitag 10–20 Uhr
Eintritt frei

In den 80er-Jahren startet OB Manfred Rommel in der »Kultur unterm Turm«, der ehemaligen Technik der Stuttgarter Zeitung, die kritische Ausstellungsreihe **»Stuttgart im Dritten Reich«.** Es gibt Bücher, Kataloge und viele Veranstaltungen. Maßgeblich sind (rechts unten) der Journalist Karlheinz Fuchs sowie Kulturamtschef Fritz Richert (rechts), zuvor politischer Redakteur bei der Stuttgarter Zeitung.

Die Kinder sind kaum zu bändigen: Die **Saurier** und ihre spannende Geschichte lösen einen regelrechten Hype aus. Das Museum mit seinem erstaunlichen Angebot fesselt die Besucher bis heute.

‹ Noch ein tolles Projekt der 80er-Jahre: Das neue **Naturkundemuseum am Löwentor,** oberhalb der Wilhelma, eröffnet im Dezember 1985.

12.

Pershing, Demos und der Polizistenmord

Der 8. August 1989 bleibt für immer ein bitterer Tag in unserer Stadtgeschichte. Als der afrikanische Asylbewerber Frédéric Otomo in der Straßenbahn kontrolliert werden soll, schlägt er einem der Kontrolleure ins Gesicht. Stunden später wird er von Polizeibeamten bei der Gaisburger Brücke am Gaskessel entdeckt. Als sie ihn überprüfen wollen, eskaliert die Situation: Mit einem Bajonett, das er bei sich trägt, eingewickelt in eine Zeitung, ersticht der 46-jährige Afrikaner den Polizeibeamten Harald Poppe und seinen Kollegen Peter Quast. Ein dritter Beamter, ebenfalls schwer verletzt, erschießt den Täter.

Der Polizistenmord auf der Gaisburger Brücke bewegt die Menschen bis heute. Manfred Rommel, der liberale Oberbürgermeister, tritt damals der offenen Ausländerfeindlichkeit entgegen und sagt: »Der Täter hätte auch ein Schwabe sein können!« Er möchte den Zorn zügeln – nicht alle folgen ihm, aber Rommels Wort hat Gewicht in seiner Stadt. Das Motiv des Täters bleibt unklar. Unter großer Anteilnahme der Bürgerschaft findet in der Domkirche St. Eberhard die Trauerfeier statt. Eine Gedenktafel am Tatort erinnert an diesen 8. August 1989.

Nach den vom RAF-Terror geprägten 70er-Jahren verlaufen die 80er-Jahre auf den Straßen von Stuttgart auch nicht gerade friedfertig. Immer wieder wenden sich die Demonstranten gegen die militärische Aufrüstung in West und Ost. Vor dem »EUCOM« der Amerikaner in Vaihingen, der militärischen Zentrale für Europa-Mitte, geht es fast Woche für Woche gegen die Pershing-Raketen und die Stationierung von Atomwaffen auf deutschem Boden, aber ebenso gegen die SS-20-Raketen der Sowjetunion auf dem Gebiet der DDR.

Aktuelle Pressefotos jener Jahre führen den Beweis, dass man schon damals für mehr Radwege auf die Straße gegangen ist; mancher Nachgeborene könnte glauben, die Fahrrad-Demo sei eine »Erfindung« unserer Tage. Weit gefehlt.

Auch die Wohnungsproblematik gab es schon in den 80er-Jahren: Zu wenig Wohnraum zu bezahlbaren Mieten, Spekulation mit leerstehenden Wohngebäuden – also formierte sich auch in Stuttgart die teils aggressive Szene der Hausbesetzer. Die Polizei hatte alle Hände voll zu tun, Ruhe und Ordnung aufrechtzuerhalten. Auch damals gab es Sitzblockaden, um den Verkehr in der Innenstadt zeitweise lahmzulegen.

So viel ist sicher: Die Wohnungsproblematik der 80er-Jahre besteht heute noch, sie hat sich weiter verschärft. Die Stadtpolitik findet keine spürbare Lösung. Im Gegenteil, die Mieten steigen und steigen, die Kaufpreise für Immobilien ebenso. Stuttgart bleibt ein besonders teures Pflaster im Reigen der deutschen Großstädte.

In den frühen 80er-Jahren nehmen die **Demonstrationen** massiv zu: Es geht gegen die Stationierung der Pershing-Raketen durch die US-Armee und die russischen SS-20-Raketen an der DDR-Grenze zur Bundesrepublik. Heute, rund 40 Jahre später, herrscht ein furchtbarer Krieg in der Ukraine.

SS-20

Die Menschenkette zwischen Stuttgart und Ulm. Zehntausende schließen symbolisch die Reihen. Ihr Motto: **»Nie wieder Krieg!«**

In der **Menschenkette** finden sich alle Altersgruppen – die politisch interessierte und aktive Jugend dominiert.

1983 geht's am Mahnmal vor dem **Alten Schloss** um den Kampf gegen die weltweite Aufrüstung.

E 29 N E I N N E I N N E I N E
STATIONIERUNG NEIN
STUTTGART IM BRENNPUNKT DER VERNICHTUNG

POLIZEI

Nicht nur die Demonstranten halten die Polizei in Atem, hier sind es 1983 die **Hausbesetzer** an der Gerberstraße in der Altstadt.

1983: Vor der Einfahrt zum **»Eucom«,** der Zentrale des US-Militärs für Europa Mitte in Vaihingen, gibt es ständig Protest gegen die schier endlose Spirale der Aufrüstung.

»Wir rotten den Sumpf aus!« Kämpferische Parole in einer **besetzten Wohnung.**

Nein, die **Fahrraddemo** ist keine Kreation von heute – schon 1980 forderte man bei der Fahrt über den Charlottenplatz »Mehr Radwege in Stuttgart«.

Friedensdemo gegen die Aufrüstung 1981 auf der Torstraße. ›

Auch die **Rettung des Waldes** vor dem sauren Regen treibt die Demonstranten auf die Straße. ›

ATOMWAFFEN
SIND TODSICHER
Borhanian
SEE SACK

der Wald

S 7134

Die Kollegen der am 8. August 1989 ermordeten Beamten halten die **Ehrenwache** während der Trauerfeier.

‹ Trauerfeier für die zwei **ermordeten Polizisten** in der Domkirche St. Eberhard.

Am Tatort auf der **Gaisburger Brücke** legen Bürger Blumen nieder, Kränze erinnern an die beiden 27 und 28 Jahre alten Opfer eines 46-jährigen Afrikaners. Heute erinnert dort eine Gedenktafel an die schockierende Bluttat.

Die Autoren

Horst Rudel, 1951 in Aidlingen im Landkreis Böblingen geboren, hat nach seiner fotografischen und kaufmännischen Ausbildung ein Volontariat zum Fotojournalisten absolviert. 1972 ging er zur Filder-Zeitung in Vaihingen, wechselte 1975 zur Stuttgarter Zeitung. 1990 wagte Horst Rudel den Sprung in die Selbständigkeit, gründete seine eigene Fotoagentur, blieb jedoch der Stuttgarter Zeitung als freier Fotograf verbunden. Schwerpunkt seiner Arbeit war und ist die tagesaktuelle Berichterstattung, unterstützt von seiner Tochter Ines Rudel.
1980 veröffentlichte Horst Rudel einen Farb-Bildband über Stuttgart, 2000 erschien sein Bildband über den populären Oberbürgermeister Manfred Rommel (mit Texten seines Kollegen Thomas Borgmann). Im Frühjahr 2022 haben beide den Bild- und Textband »Rommel, RAF und Staatstheater – Stuttgart in den 70er-Jahren – ein bewegtes Jahrzehnt in Bildern« herausgebracht. Jetzt legen sie den Band über die 80er-Jahre vor.

Thomas Borgmann (links) und Horst Rudel bei der Präsentation ihres Bildbandes über Stuttgart in den 70er-Jahren im Frühjahr 2022.

Thomas Borgmann, Jahrgang 1948, im Stuttgarter Westen geboren und aufgewachsen, hat nach Volksschule und Gymnasium zunächst eine Lehre als Pferdewirt absolviert. Anfang der 70er-Jahre folgte das Redaktionsvolontariat bei der Filder-Zeitung, wo er den Fotografen Horst Rudel kennenlernte. Von 1972 bis 1977 war Thomas Borgmann Jungredakteur beim städtischen Presseamt, 1977 wechselte er zur Stuttgarter Zeitung, war dort bis Ende 2011 stellvertretender Lokalchef sowie Leitender Redakteur für Kommunalpolitik. Thomas Borgmann lebt als freier Journalist und Buchautor in Stuttgart. Seine Zusammenarbeit mit dem Fotografen Horst Rudel währt jetzt mehr als ein halbes Jahrhundert.

Impressum | Bildnachweis

1. Auflage 2023

Umschlaggestaltung, Satz und Layout:
BUCHFLINK Rüdiger Wagner, Nördlingen.
Coverfoto: Marktplatz in Stuttgart, Horst Rudel.
Printed in Slovakia by Neografia.

ISBN 978-3-8425-2363-0

Bildnachweis: Alle Fotos: Horst Rudel.
Außer: Leslie Petzold: 143 unten.
Herbert Rudel: Seite 37, 42, 43 oben.
Ines Rudel: Seite 164.
Stadtarchiv Stuttgart/Kraufmann: Seite 145.
Michael Steinert: Seite 43 unten, 54, 56.

In diesem Buch wird aus Gründen der besseren Lesbarkeit das generische Maskulinum verwendet. Weibliche und anderweitige Geschlechteridentitäten werden dabei ausdrücklich mitgemeint, soweit es für die Aussage erforderlich ist.

Ihre Meinung ist wichtig für unsere Verlagsarbeit. Senden Sie uns Ihre Kritik und Anregungen unter meinung@silberburg.de
Besuchen Sie uns im Internet und entdecken Sie die Vielfalt unseres Verlagsprogramms:
www.silberburg.de

Ein Lieblingsmotiv des Fotografen Horst Rudel über die Jahrzehnte: Immer wieder der **Fernsehturm!**

Zeittafel

1980 Stuttgart geht mit knapp 580 000 Einwohnern ins neue Jahrzehnt, davon knapp 100 000 Ausländer. Ende der Achtziger sind es knapp 570 000 Einwohner, der Ausländeranteil ist auf 114 000 gestiegen.
1980 Am 22. Februar beginnt die Sanierung des Bohnenviertels. Die Idee, dort das »Technische Rathaus« zu bauen, wird verworfen, stattdessen entstehen beim Charlottenplatz »Stadthäuser« und Läden.
1980 22. Juni, Kommunalwahl. Die Grünen kommen erstmals in den Gemeinderat: Thomas Schaller, Guntram Ehrlenspiel, Gisela von Kügelgen. 5,5 Prozent.
1980 Historisch bedeutsame Sanierung des Schlosses Solitude, Richtfest am 25. Oktober.
1980 19. Dezember: Baubeginn für den Heslacher Tunnel zwischen Marienplatz und Südheimer Platz.
1981 Der legendäre Generalintendant Walter Erich Schäfer stirbt am 28. Dezember im Alter von 80 Jahren.
1982 Heftiger Streit um die »Leipnersche Stadtchronik« von 1933 bis 1945. OB Manfred Rommel bringt das »Projekt Zeitgeschichte« auf den Weg, die erste von sechs großen Ausstellungen »Stuttgart im Dritten Reich« startet am 13. August in der »Kultur unterm Turm« im Tagblatt-Turm!
1982 Am 14. Mai erhält der legendäre Pierre Pflimlin, OB von Straßburg, die Ehrenbürgerwürde.
1982 Regelmäßige Demos gegen den Nato-Doppelbeschluss vor den US-Patch Barracks in Vaihingen.
1982 Der denkmalgeschützte Eberhardsbau an der Eberhardstraße wird zum neuen Domizil des Stadtplanungsamtes.
1983 Die Hanns-Martin-Schleyer-Halle wird Mitte September eingeweiht – eine Mehrzweckarena für Sport, Musikevents und Großveranstaltungen.
1983 Stuttgart lädt zum ersten Mal ehemalige jüdische Mitbürger ein. Im Juni beginnt dieses erfolgreiche Besuchsprojekt, das über mehr als 20 Jahre laufen wird. Die erste Gruppe landet am 13. Juni direkt aus New York in Echterdingen.
1983 Im Juni treffen sich die Regierungschefs der zehn EG-Länder erstmals in Stuttgart, es ist ihr 26. Gipfeltreffen.
1983 Eröffnung des neuen Kammertheaters neben der Staatsgalerie am 25. September
1983 Das neues Justizzentrum an der Olgastraße ist fertig.
1983 Am 14. Oktober: Eröffnung des Schriftstellerhauses im Bohnenviertel direkt neben dem Jazzclub »Kiste«.
1983 Schloss Solitude von 1763 wird nach sieben Jahren gründlicher Sanierung wieder eröffnet.
1983 Menschenkette mit mehr als 200 000 Teilnehmern von Stuttgart nach Ulm, Demonstranten fordern die Abrüstung.
1983 Im Oktober wird die Stadtbahnhaltestelle unter dem Rotebühlplatz fertig.
1984 Einweihung der Neue Staatsgalerie an der Kulturmeile, geplant vom britischen Architekten James Stirling. Der postmoderne Bau sorgt europaweit für Aufmerksamkeit.
1984 Der VfB wird am 26. Mai Deutscher Meister. 100 000 Menschen strömen zur Jubelfeier auf den Marktplatz.
1984 Das Große Haus der Württembergischen Staatstheater wird nach seiner Restaurierung wieder eröffnet. Auch das Alte Schauspielhaus in der Kleinen Königstraße wird nach seiner Modernisierung wieder bespielt.
1985 Das Schwabenzentrum zwischen Eberhard- und Hauptstätter Straße wird eingeweiht.
1985 Im März kommt Bundespräsident Richard von Weizsäcker zum Antrittsbesuch nach Stuttgart. Am 15. April 1920 wurde er im Neuen Schloss geboren.
1985 In Möhringen wird das neue Züblinhaus im Mai eingeweiht, die Zentrale des Baukonzerns Züblin. Architekt ist der berühmte Kölner Otto Böhm. Das Foyer wird auch für Kulturveranstaltungen genutzt.
1985 Am 12. Juli wird das Lindenmuseum am Hegelplatz nach sieben Jahren Umbau und Modernisierung wieder eröffnet.
1985 Im September geht die S-Bahn-Strecke von der Schwabstraße nach Böblingen in Betrieb.
1986 Am 28./29. Januar feiert der Weltkonzern Daimler-Benz sein 100-jähriges Bestehen mit einem Festakt, einer Ausstellung in den Killesberg-Hallen und Fernsehshow in der Schleyerhalle.
1986 OB Rommel eröffnet im Frühjahr die neue Stadtbahnlinie zwischen Vaihingen und Fellbach.
1986 Ende August erlebt das alte Neckarstadion die Leichtathletik-EM. Damit und mit der Schleyerhalle begründet Stuttgart seinen internationalen Ruf als »Heimliche deutsche Sporthauptstadt!«
1986 Am 23. September feiert der Weltkonzern Bosch sein 100-jähriges Bestehen mit einem Festakt in der Liederhalle: Der Bosch-Chor und das Bosch-Orchester umrahmen die Feier. Mit dabei der ehemalige US-Außenminister Henry Kissinger.
1987 Die historisch bedeutsame Weißenhofsiedlung von 1927/28 auf dem Killesberg wird im 60. Jahr ihres Bestehens aufwendig restauriert.
1987 Das alte Wilhelma-Theater von 1840 wird restauriert und am 1. Dezember neu eröffnet.
1987 Das neue Haus der Abgeordneten an der Kulturmeile ist fertig, geplant von den Stuttgarter Architekten Zinsmeister und Scheffler.
1988 Aus dem Alten Landesgewerbeamt an der Schlossstraße wird das neue Haus der Wirtschaft.
1988 Am 18. März stirbt der ehemalige Bundeskanzler Kurt Georg Kiesinger. Trauerfeier und Staatsakt finden in der Domkirche St. Eberhard statt.
1987 Die Stuttgarter Kickers steigen auf in die erste Bundesliga. Eine Sensation! Am 30. Mai gibt's den Autokorso durch die Innenstadt.
1988 Auf dem ehemaligen Areal der Brauerei Wulle an der Neckarstraße, später Willy-Brandt-Straße, planen die Architekten Kammerer und Belz ein Verwaltungszentrum für Ministerien sowie ein Luxushotel, das den Namen »Intercontinental« trägt.
1988 Der Grundstein wird gelegt für das neue Kultur- und Kongresszentrum an der Liederhalle.
1989 Das Ehepaar Michael und Raissa Gorbatschow besucht Mitte Juni Stuttgart. Noch weiß niemand, dass beide wenige Monate später zu den Wegbereitern der Wiedervereinigung werden.
1989 Am 8. August ersticht auf der Gaisburger Brücke ein Afrikaner zwei Polizeibeamte, bevor er erschossen wird. OB Rommel wendet sich gegen den Ausländerhass und sagt: »Auch ein Schwabe hätte der Täter sein können.«
1989 OB Rommel eröffnet Ende August am Fuß des Tagblatt-Turms, in den alten Räumen der Stuttgarter Zeitung, die Ausstellungsreihe »Stuttgart im Krieg«.
1989 Im Oktober eröffnet das Kaufhaus Breuninger seine modernisierten Gebäude und die spektakuläre »Karlspassage«.
1989 Herbst. Mauerfall und Wende. Auch in Stuttgart wird das historische Ereignis gefeiert und bewegt die Menschen. Erste Übersiedler kommen bereits Mitte November in die Waldheime Feuerbach und Sonnenwinkel.